A revolta dos números

11ª edição – 2011
4ª reimpressão – 2021

Chovia e os números do caderno de Matemática de Júlia estavam cansados de ficar trancados na gaveta. Faz uma semana que ela não vai à escola porque está com gripe.

— Puxa, já não aguento mais! — reclama o 1. Viver sempre na frente, puxando a fila como soldado, todo mundo me seguindo, um atrás do outro...

— Também não quero continuar a ser o segundo, sempre atrás de você. Quero, ao menos uma vez, ser o primeiro — diz o 2.

— Ué, bem que vocês estão com razão! Quem sabe se é por isso que ando nervoso... Cinco, sempre cinco, com este bumbum tão grande. Acho bonito o 4, parece uma cadeira de pernas para o ar... Até parece artista de circo.

— Sabem o que mais? Pois vamos fazer uma revolução — propõe o 3.

— Será que dá certo? — pergunta o 0 que estava ali perto, dormindo todo enroladinho.

— Se der, deu; se não der, não deu! Cada um que faça como quiser.

— Independência ou morte! — gritou o 8, tão gordinho, sempre espremido entre o 7 e a carona do 9.

— Mas... — ia falando outra vez o 0.

— Psiu... você aí, fique quietinho, tá? Nem número é, agora querendo dar ordens.

Quer ver o 0 ficar bravo é dizer que ele não é número, e o 1 tem muita implicância com ele.

— Está bem, nada de brigas, cada um que faça como achar melhor.

    Não foi preciso segundo aviso: cada número saiu do seu lugar e foi conversar com os outros companheiros que viviam distantes.

    Assim, fazia tempo que o 1 desejava perguntar ao 7 se eles eram parentes.

    — Nós somos meio parecidos, só que você tem um nariz mais comprido que o meu.

    — É mesmo, eu já havia notado isso, mas a gente mal tem tempo pra conversar, é só trabalhar.

O 9 brincou com o 6:

— Como vai você, meu gêmeo de perna pra cima?

— Oi! Então você não sabe que eu sou de circo?

A brincadeira estava tão animada e gostosa que não notaram as horas passarem. Como a tarde estivesse bonita, quente, Júlia, bem melhor, levantou-se e foi fazer as lições.

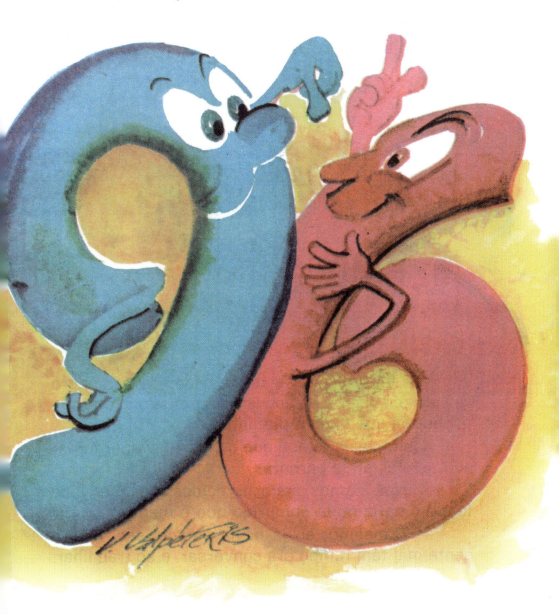

Esqueci de contar que Júlia tem 8 anos e está na 2.ª série.

Pegou o caderno de Matemática, sentou-se à mesa e começou a ler o primeiro problema:

"Um menino foi ao pomar e colheu 24 laranjas. Deu 8 para a vizinha e 5 para um colega. Quantas sobraram para ele?"

— Se ele colheu 24 laranjas, aqui estão elas, bem redondinhas.

E, pegando o lápis, fez 24 bolinhas. Até desenhou folhinhas em cada uma pra mostrar que eram laranjas.

— Duas dúzias também são 24, e se cada dúzia tem 12 unidades, 24 = 2 × 12. Isso mesmo. Bem, das 24 tenho de tirar 8 — as da vizinha, e mais 5 — as do colega. Contas de mais e de menos...

Foi bem nesse momento, quando ia fazer as contas, que o 1 gritou:

— Oi, colegas, está na hora da independência. Nada de ordem, cada um faz o que a cuca mandar, tá?

— Combinado, passa pra cá.

Júlia, sem saber de nada, ajeitou os números como deviam ficar na conta: 24 — 13...

Então, num piscar de olhos, o 4 passou para o lugar do 2, e o 3 chamou o 1 para o seu. E Júlia começou a fazer a conta.

42 − 31

Ué! Os números não são estes! São 24 laranjas e escrevi 42? Estou com a cuca atrapalhada, assim fico mal em Matemática.

Apaga os números e torna a escrever.
E, em lugar de 24 — 13 saiu: 34 — 21.
Pôs a mão na testa, como a mãe faz para verificar se tem febre: "Eu acho... eu acho que estou com um febrão".

— Mamãe, mamãe!... — berrou ela.
— Que é filhinha? Você se levantou? Está melhor?

— Eu acho que estou com febre.
— Não, não está — diz a mãe. O que você está sentindo? Dói alguma coisa?
— Não, mamãe, não dói nada.
— E por que você acha que está com febre?

— Sabe, mamãe, não consigo resolver este problema.
— Você quer que eu ajude?
— Obrigada, mamãe, sei resolver sozinha. É só uma conta de mais e uma de menos.
— Então, onde a dificuldade?
— Aqui, olhe!

— Está aqui o erro... Duas dúzias são... 42? 31?

— Eu sei, mãe, que são 24 laranjas, mas acho que estou com febre. Faço a conta e os números saem errados...

Dona Fúlvia olha a menina. Quem sabe se ela está mesmo com febre...

— Vamos fazer juntas. Escreva os números 2 e 4...

Toma o lápis da menina e escreve os números 2 e 4, mas o que lê no papel: 4 e 2...

Larga o lápis, assustada.

— Ué, mamãe, você também errou.

O que está acontecendo, pensa dona Fúlvia, será que eu também estou com febre? Uma febre nova que faz ler e escrever errados os números?

Torna a experimentar: 24 — 13 e o que sai: 32 — 41!

— Filha, vamos tomar um leitinho quente, um comprimido, ver um pouco de televisão...

Largam tudo na mesa, lápis, cadernos. A chuva passara, um sol bonito aparecera. O bem-te-vi cantou.

— Puxa! — disse o 2 espreguiçando-se. Estou cansado de correr de lá para cá.

— E eu já estou enjoado da brincadeira. Vou pro meu lugar na frente. Fila, pessoal, a brincadeira acabou, pelo menos pra mim.

Mais tarde, Júlia e dona Fúlvia tentaram resolver outra vez o problema. Já haviam dado umas voltas no jardim, colhendo flores.

— Agora, estou com a cabeça fresca, mamãe! Vamos ver se acerto.
Escreveu: 24 − 13.
— Mamãe, está dando certo! Que bom, a febre passou!

É, pensou a mãe, deve ter sido uma crise de alguma febre desconhecida.

No dia seguinte, Júlia foi à escola, levou o caderno de Matemática, ganhou nota 10, o 1 na frente e o 0 atrás, como é mesmo o número 10.

Tudo, desde esse dia, correu bem. Mas vocês podem imaginar se a revolta dos números continuasse, como a gente ia se arranjar?

Revisado conforme a nova ortografia.

Revisão de texto: *Carlos Rizzi*
Capa e ilustração: *Vilhelmes Valpéteris*

Nenhuma parte desta obra poderá ser reproduzida ou transmitida por qualquer forma e/ou quaisquer meios (eletrônico ou mecânico, incluindo fotocópia e gravação) ou arquivada em qualquer sistema ou banco de dados sem permissão escrita da Editora. Direitos reservados.

Paulinas
Rua Dona Inácia Uchoa, 62
04110-020 – São Paulo – SP (Brasil)
Tel.: (11) 2125-3500
http://www.paulinas.com.br – editora@paulinas.com.br
Telemarketing e SAC: 0800-7010081
© Pia Sociedade Filhas de São Paulo – São Paulo, 1984